1437.50

NOTICE

DE PLUS DE

36,000 ESTAMPES

DE TOUTES LES ÉCOLES

ANCIENNES ET MODERNES

Qui seront vendues par forts lots

PAR SUITE DE CESSATION DE COMMERCE

De M. E. LECHEVALIER

DEUXIÈME VENTE

QUI AURA LIEU

HOTEL DES COMMISSAIRES-PRISEURS

RUE DROUOT, 9, SALLE N° 4

AU PREMIER ÉTAGE

Le Samedi 18 Octobre 1879

A UNE HEURE PRÉCISE

———

M⁰ MAURICE DELESTRE, Commissaire-Priseur,
rue Drouot, 27,
Assisté de **M. VIGNÈRES**, Marchand d'Estampes,
rue de la Monnaie, 21, à l'entre-sol,
CHEZ LEQUEL SE DISTRIBUE LA NOTICE

———

PARIS — OCTOBRE — 1879

DÉSIGNATION

Portraits modernes, Plutarque français; Anciens : Antiques, Empereurs romains, Thevet; Cardinaux in-12; gravés et lithog.

Cabinet Denon.

Voyage pittoresque dans le Brésil, lithographies in-fol.

Paysages et Vues lithog.; Études.

Dessins de feuilles, Fleurs.

Architecture ancienne et moderne.

Sujets religieux : Bible de Furne et autres, la plupart avant la lettre; Images de sainteté, gravés et lithog., anciens et modernes; Apôtres; in-fol. coloriés.

Métamorphoses d'Ovide.

Eaux-Fortes diverses : Larive, Parizeau, Le Carpentier et autres.

Estampes anciennes diverses.

Enfantin : Paysages lithog.

Lithographies diverses in-fol.; Paysages, Vues.

Caricatures diverses, Ép. de journaux, Robert-Macaire.

Landon. Traits.

Nᵒˢ des portefeuilles et paquets	Nombre de pièces			
49.	200	Portraits modernes.	7	..
	200	————————	5	
50.	200	————————	3	
	200	————————	5	50
51	300	————————	3	
	300	————————	4	
	153	———— Plutarque français. Vᵘʸ	7	
52.	300	———— modernes	2	
53	347	————————	2	
	300	————————	2	
54.	215	Antiques, Empereurs romains, etc.	2	50
	187	Portraits divers anciens.	5	50
55.	215	Thevet (grand et petit)	5	
	200	Portraits modernes.	4	
56.	200	————————	5	50
	300	————————	3	50
57.	232	Cardinaux, anciens, in 12ᵒ Vᵘʸ	3	
58.	78	Cabinet Denon, lithog. in fol.	5	
	133	Voyage pittor. en Brésil, lith. in fol.	2	50

	200 Portraits divers anciens.	7	50
59.	200 ________________	5	
	300 ________________	7	50
	200 Paysages et vues lithog.	3	50
60.	150 ________________	2	50
	150 ________________	3	
61.	200 ________________	2	50
	225 Etudes de paysages lithog.	4	
62.	225 ________________	4	
63.	200 (Plus de) Dessins de feuilles et fleurs, morceaux de papiers peints avec le portefeuille	3	50
64.	200 Portraits lithog.	3	50
	200 ________________	2	50
65.	200 ________________	2	50
	200 ________________	2	
66.	200 ________________	3	
	240 ________________	2	50
67.	162 Architecture ancienne et mod. avec le portefeuille	7	50

			Prix	
68.	182	Sujets religieux. Bible de Furne, et autres, la plupart av^t l.l.	5	
	200	——, Images de Sainteté	3	50
69.	285	Sujets religieux. images de sainteté	1	50
70.	200	————— lithog. in fol.	6	
	235	————— ———	5	50
71.	100	————— gravés	6	50
	115	————— ———	3	
72.	50	————— anciens.	6	
	50	————— ———	6	50
	75	————— ———	5	
	75	————— ———	6	
73.	17	Sujets divers, graveurs amateurs.	1	50
	26	Apôtres.		
	112	Métamorphoses d'Ovide, C. de Pas.	4	
	100	—————	1	50
	105	Diverses anciennes.	2	50
74.	220	Eaux fortes diverses: Larive, Parizeau, Le Carpentier; Bertaux, etc.	6	
	200	Anciennes.	7	

75.	200 Anciennes.	6
	200 _________	9
	300 _________	10

76.	59 Enfantin. Paysages lithog.	1 50
	192 Lithographies.	2
	150 _________ in fol.	5 50

77	100 _________	6 50
	100 _________	2
	220 _________	4

| 78. | 358 Caricatures politiques, de journaux sur Louis Philippe. | 3.50 |
| | 200 — diverses, Robert Macaire (18) etc. | 5 |

79. 1140 Traits de Landon. 2 portefeuilles.   0

80. 230 Portraits de l'Expédition d'Egypte. Nég   2 50

81. 300 Charivari.   2

82. 400 Hommes utiles.   4

83. 320 Portraits ovales lithog.   7 50

84	155 V. Adam, sujets divers.	5
	165 Oiseaux.	1 50
	75 Galerie Ornithologique coloriée	9

85.	180	Animaux divers.	4	
	225	————————	6	
86.	210	Statues. Académies anciennes.	15	
	100	——— ———— modernes	4	
	170	——— Têtes, anciennes et modernes.	6	
	175	Paysages et vues lithog.	5	
	250	————————————	2	50
87.	135	Cab. Denon. Fac-simile de dessins	13	
	135	————————————	15	
88.	150	Ornements, de Julienne.	5	50
	175	————— divers.	6	50
	155	——— Meubles, voitures, bijoux, etc.	4	
	150	——— Études.	5	
	170	——— ———	2	50
89	200	Collection Gavard, Gal. de Versailles,	5	
		Sujets ; avec le portefeuille ;		
	200	——— et Furne.	9	
90.	208	Sujets religieux, lithog. d'ap. les gr. maîtres	3	50
	174	————————— anciens.	9	50
	100	Sujets de la Gal. de Versailles.	5	50

	215	Vues étrangères modernes	7	
91.	150	—————— anciennes.	14	
	205	—— et plans de ville, anciennes.	16	
	80	—— d'ap. le daguerréotype	6	50
92.	100	Armoiries, blason, avec portif.	29	
	20	(Plus de) morceaux anciens.	5	
	40	Sujets religieux in fol. coloriés.	12	
	20	Vues et paysages anc. et mod.	5	
	32	——————————	3	50
93.	32	Voyage d'Égypte, plusieurs av.t l.l.	7	50
	30	Sujets historiques in fol.	12	50
	56	——————————	15	50
	35	Sujets divers anc. et mod.	13	
	56	——————————	15	50
	32	Sujets coloriés, historiques et autres.	13	
	40	Vues diverses coloriées.	18	
	32	——————————	18	
94	42	Manière noire, Sujets historiques, de femmes et autres.	9	
	84	Architecture ancienne, italiennes.	36	

56 Morceaux du Jugement dernier   5
    de Michel Ange.

94. 50 Diverses anciennes.   12

     50 ________________   20

     58 ________________ et modernes 14

     57 Exercices de cavalerie, chevaux, etc.   6

     84 Académies, Statues, la plupart lith.   11
         d'ap. les gr⁻ maîtres, Casanova, etc.

     63 Etudes lithog. Têtes de femmes, etc.   5

     88 ____ gravées. Têtes diverses   7 50

     40 ____ ________ noir et couleur   6

95. 50 Costumes militaires noir et couleur.   9 50

     62 Vues diverses, gr⁻ in fol.   3 50

     34 Sujets religieux, etc. lithog.   2 50

     50 ____ gracieux, de femmes.   16

     50 ____ ________ et de genre.   5

     50 ____ ________________   6

     50 ____ ________ histor. et portr.   5 50

     48 Ecclésiastiques lithog.   Voy   1 50

      4 Famille d'Orléans, lithog. de Grandon   4
         d'ap. Winterhalter

	16 Famille d'Orléans, Winterhalter (épr.) lithog. par Léon Noël	3	
	5 Léon Noël : Taylor, Enfila, et autres	1	50
	23 Napoléon et famille	7	
	40 Femmes	6	
	58 Louis Philippe et famille	3	50
96.	50 Portraits divers	3	50
	18 ———— par P. Baugniet	2	
	27 Emile Lassalle. Panthéon des illustrations françaises. Épreuves d'artistes	4	
	20 Portraits anciens gravés	21	
	29 Napoléon et têtes d'études gravés	15	
	56 Portraits divers ————	3	
97.	100 Généraux, lithog.	3	
	130 ———— ————	4	
	50 Hommes du jour, Généraux d'Afrique	1	50
98	100 Portraits lithog.	3	50
	120 ————	3	50
	170 ————	5	

	50	Ecclésiastiques lithog.	4
	50	————	3
99	20	Têtes d'étude, de Julien et autres, coloriées	10
	14	———— ———— fond noir	7 50
	41	Paysages anciens.	17
	90	———— modernes anciens	12
	25	Sujets gracieux, historiques et genre, modernes.	21
	50	Modernes.	8
	50	————	4 50
	32	Anciennes.	22
	60	Marines de Vernet et autres.	8 50
100	175	Actualités, Cham et autres, noirs	11
	100	———— coloriés.	9
101	105	Eaux fortes de Parizeau.	4
	120	Batailles, sujets de chasse, anciens.	5 50
	170	Divers anciennes.	8
	240	————	8
102	165	Sujets mythologiques et gracieux	10
	200	————	11

103.	200	Petites eaux fortes diverses.	3	50
	200	______________________________	7	50
	340	Ch. Jacques. Caricatures du Charivari.	5	50
104.	2000	(Environ) Univers, et voyages pittoresques de Didot.	12	
105.	300	(Environ) Gravés. Charivari	4	50
106.	800	(environ) Charm. ______________	5	50
107	100	Portraits anciens.	22	
	150	______________________________	21	
	150	______________________________	19	
108.	200	______________________________	19	
	200	______________________________	12	
	200	______________________________	10	
109	200	______________________________	8	
	200	______________________________	13	
110	200	______________________________	7	50
	250	______________________________	8	50
	300	______________________________	8	
	300	Petites eaux fortes diverses.	7	
	192	Moncornet, Larmessin, etc.	7	

111.	130	Vangelisty et autres		5	50
112.	200	Odieuvre, Desrochers.		5	
113.	92	Peintres et autres, anciens.		4	
	236	Odieuvre, divers.		10	50
114.	114	Tombeaux.	Voy.	10	
	200	Ornements, Architecture	Moyen Âge	7	50
	270	————————————	Renaissance	9	
	92	Peintures et Sculptures italiennes		8	50
115.	210	Archéologie diverse.		13	
	250	————————————	Voy.	5	
	190	Études de dessin linéaire, ornements, Machines, Lettres et chiffres pour peintres		8	50
116.	360	Coins de cartes coloriés, costumes.		12	
117.	464	Histoire naturelle : Papillons, coquilles, oiseaux, etc.		2	5
118.	540	Fleurs et fruits, noir et couleur.		5	
119.	700 (environ)	Caricatures Charivari		3	
120.	2000	———) l'Univers.		9	
121.	800	———) Cham Charivari.		6	

Expédition d'Egypte.

Charivari.

Hommes utiles.

V. Adam : Sujets divers.

Oiseaux : Galerie ornithologique, coloriée.

Animaux divers.

Statues : Académies anciennes et modernes; Têtes.

Fac-simile de desssin du cabinet Denon.

Ornements de Julienne; Meubles, Voitures, Bijoux; Études; Moyen âge, Renaissance.

Collection Gavard : Sujets de la galerie de Versailles; et Furne.

Sujets religieux : Lithog. d'après les grands Maîtres.

Vues étrangères, anciennes et modernes; Plans de villes anciens, d'ap. le daguerréotype; Paysages.

Armoiries, Blason.

Voyage d'Egypte in-fol., plusieurs avant la lettre.

Sujets historiques in-fol.

Vues coloriées.

Manière noire : Sujets historiques de femmes et autres.

Jugement dernier de Michel-Ange (morceaux).

Exercices de cavalerie, Chevaux.

Académies, Statues; la plupart lithog. d'ap. les grands Maîtres, Canova, etc.

Etudes lithog. : Têtes de femmes; gravées, noir et couleur.

Costumes militaires, noir et couleur.

Sujets gracieux, de femme, de genre; Mythologie.

Portraits lithographiés : Ecclésiastiques; Famille d'Orléans d'ap. Winterhalter, par Grevedon et Léon Noël; Taylor, Orfila et autres, par Léon Noël; Napoléon et famille; Femmes; Louis-Philippe et famille, par C. Baugniet, par Émile Lassalle; Panthéon des illustrations françaises en épreuves d'artistes; Généraux.

Portraits gravés anciens, Moncornet, Larmessin-Vangelisty, Odieuvre, Desrochers.

Têtes d'études de Julien et autres, coloriées.

Paysages anciens et modernes.

Marines de Vernet et autres.

Actualités : Cham et autres, noires et coloriées.

Parizeau : Eaux-fortes diverses.

Batailles : Sujets de chasse, anciens.

Petites Eaux-fortes diverses.

Ch. Jacque. Caricature lith. du *Charivari*.

Univers pittoresque.

Charivari : Traviès, Cham.

Odieuvre : Portraits divers.

Tombeaux. *Archéologie.*

Etudes de dessin linéaire et d'ornement.

Coins de cartes, Cartouches, Ornements.

Histoire naturelle : Papillons, Coquilles, Oiseaux, etc.

Fleurs, Fruits, noir et couleur.

CONDITIONS DE LA VENTE

Au comptant. — Les Acquéreurs paieront CINQ POUR CENT, en plus des enchères, applicables aux frais.

Vᵉˢ RENOU, MAULDE et COCK, imprˢ de la Cⁱᵉ des Commissaires-Priseurs, rue de Rivoli, 144.   99885